# Adventures in Amsterdam: Bilingual Dutch-English Stories

Coledown Bilingual Books

Published by Coledown Bilingual Books, 2023.

While every precaution has been taken in the preparation of this book, the publisher assumes no responsibility for errors or omissions, or for damages resulting from the use of the information contained herein.

ADVENTURES IN AMSTERDAM: BILINGUAL DUTCH-ENGLISH STORIES

**First edition. November 6, 2023.**

Copyright © 2023 Coledown Bilingual Books.

ISBN: 979-8223418351

Written by Coledown Bilingual Books.

# Table of Contents

Lotta's Magische Tulp Avontuur ................................................ 1

Lotta's Magical Tulip Adventure ................................................ 5

Pim's Pannenkoek Papagaai-Feest ........................................... 9

Pim's Pancake Parrot-ty ............................................................. 13

Het Nieuwsgierige Geval van de Verloren Houten Klompen .. 17

The Curious Case of the Lost Wooden Shoes ........................... 21

Otto en het Raadsel van de Molen ............................................ 25

Otto and the Windmill Mystery ................................................ 29

Een Dag met de Kapitein van de Grachtenboot ...................... 33

A Day with the Canal Boat Captain .......................................... 37

De Betoverde Bibliotheek .......................................................... 41

The Enchanted Library ............................................................... 45

De Grote Marktverwarring ........................................................ 49

The Great Market Muddle ......................................................... 53

Tulpenverhalen met Oma .......................................................... 57

Tulip Tales with Grandma ......................................................... 61

# Lotta's Magische Tulp Avontuur

---

Het was een prachtige ochtend in Amsterdam, en Lotta was zoals altijd vol energie en nieuwsgierigheid. Met haar rode krullen dansend in de wind en haar heldere blauwe ogen die fonkelden van opwinding, speelde ze in haar achtertuin. Lotta was altijd op zoek naar avontuur, en vandaag was geen uitzondering.

Terwijl ze in de aarde rondwoelde, ontdekte Lotta een mysterieus zaadje dat eruitzag als geen ander zaadje dat ze ooit had gezien. Het glinsterde in de ochtendzon en leek te fluisteren met geheimen. Lotta wist dat ze iets bijzonders had gevonden, dus met haar kleine handjes begon ze voorzichtig een kuil te graven en plantte het zaadje.

Dagen gingen voorbij, en Lotta zorgde goed voor haar geheime zaadje. Ze gaf het water en sprak er lieve woorden tegen. Op een ochtend, terwijl ze vol spanning naar haar tuin keek, zag ze iets ongelooflijks. Uit de aarde rees een prachtige tulp op, groter dan welke tulp dan ook. Maar dat was niet alles, want deze tulp had een gezicht!

De tulp opende zijn bloemblaadjes en glimlachte naar Lotta. "Dank je wel dat je me hebt laten groeien, Lotta," zei de tulp met een zachte stem.

Lotta's ogen werden zo groot als schoteltjes van verbazing. "Jij kunt praten!" riep ze uit.

"Ja, dat kan ik," antwoordde de tulp. "Ik ben geen gewone tulp, Lotta. Ik ben een magische tulp, en ik ben hier om je mee te nemen op een onvergetelijk avontuur."

Lotta sprong van opwinding. Ze kon niet wachten om te ontdekken wat voor avontuur deze magische tulp voor haar in petto had.

De tulp strekte zijn stengel uit en bood Lotta zijn bloemblad aan. "Stap binnen, Lotta," zei hij. "We gaan op reis."

Lotta aarzelde geen moment en stapte voorzichtig in de bloem van de tulp. En plotseling voelde ze dat ze werd opgetild en meegevoerd. Ze zweefde door de lucht en keek neer op haar geliefde Amsterdam. Het was een adembenemend gezicht.

De magische tulp bracht Lotta naar de beroemde tulpenvelden van Amsterdam. Overal om haar heen waren rijen en rijen kleurrijke tulpen in alle denkbare tinten. Lotta kon haar ogen niet geloven. Het was alsof ze in een sprookje was beland.

Terwijl ze door de lucht zweefden, begon de tulp te vertellen over de geschiedenis van de tulpen in Amsterdam. Hij vertelde over de tulpengekte in de Gouden Eeuw en hoe mensen soms fortuinen betaalden voor slechts één tulpbol. Lotta luisterde aandachtig en was gefascineerd door het verhaal.

Na een tijdje landden ze tussen de tulpenvelden. Lotta stapte uit de tulp en voelde de zachte aarde onder haar voeten. Ze rende door de velden, plukte tulpen en maakte kleurrijke boeketten. Het was alsof de tulpen haar begrepen en met haar dansten terwijl ze door de velden zwierde.

Toen de zon begon te zakken, keerde Lotta terug naar de magische tulp. De tulp bracht haar weer terug naar haar eigen achtertuin.

"Ik hoop dat je een geweldige tijd hebt gehad, Lotta," zei de tulp met een glimlach.

Lotta knikte opgewonden. "Dit was het beste avontuur ooit! Bedankt dat je me hebt meegenomen."

De magische tulp glimlachte en sloot zijn bloemblaadjes. "Onthoud altijd dat avontuur en schoonheid overal om je heen te vinden zijn, zelfs in je eigen achtertuin."

Lotta bedankte de tulp en keek toe terwijl hij langzaam in de grond zonk en weer een gewone tulp werd.

Terug in haar achtertuin realiseerde Lotta zich dat avontuur en magie echt overal te vinden waren, zelfs in de simpelste dingen. Ze wist dat ze nooit zou stoppen met zoeken naar nieuwe avonturen en de schoonheid van de wereld om haar heen te ontdekken.

En zo eindigde Lotta's magische tulp avontuur, maar het was slechts het begin van vele andere avonturen die haar te wachten stonden in de betoverende stad Amsterdam.

# Lotta's Magical Tulip Adventure

---

It was a beautiful morning in Amsterdam, and as always, Lotta was full of energy and curiosity. With her red curls dancing in the wind and her bright blue eyes sparkling with excitement, she played in her backyard. Lotta was always on the lookout for adventure, and today was no exception.

As she dug around in the soil, Lotta discovered a mysterious seed that looked like no other seed she had ever seen. It glistened in the morning sun and seemed to whisper with secrets. Lotta knew she had found something special, so with her small hands, she began to carefully dig a hole and plant the seed.

Days passed, and Lotta took good care of her secret seed. She gave it water and spoke kind words to it. One morning, as she gazed eagerly at her garden, she saw something incredible. From the ground, a beautiful tulip sprouted, larger than any tulip she had ever seen. But that wasn't all because this tulip had a face!

The tulip opened its petals and smiled at Lotta. "Thank you for growing me, Lotta," said the tulip with a soft voice.

Lotta's eyes widened in amazement. "You can talk!" she exclaimed.

"Yes, I can," replied the tulip. "I'm not an ordinary tulip, Lotta. I'm a magical tulip, and I'm here to take you on an unforgettable adventure."

Lotta jumped with excitement. She couldn't wait to discover what adventure this magical tulip had in store for her.

The tulip stretched out its stem and offered its petal to Lotta. "Step inside, Lotta," it said. "We're going on a journey."

Lotta didn't hesitate for a moment and stepped into the tulip's petal. Suddenly, she felt herself being lifted and carried away. She floated through the air, looking down at her beloved Amsterdam. It was a breathtaking sight.

The magical tulip took Lotta to the famous tulip fields of Amsterdam. Everywhere around her were rows and rows of colorful tulips in every imaginable shade. Lotta couldn't believe her eyes. It was as if she had stepped into a fairy tale.

As they floated through the air, the tulip began to tell her about the history of tulips in Amsterdam. It told her about the tulip craze during the Golden Age and how people sometimes paid fortunes for just one tulip bulb. Lotta listened attentively and was fascinated by the story.

After a while, they landed in the midst of the tulip fields. Lotta stepped out of the tulip and felt the soft earth beneath her feet. She ran through the fields, picking tulips and creating colorful bouquets. It was as if the tulips understood her and danced with her as she twirled through the fields.

As the sun began to set, Lotta returned to the magical tulip. The tulip brought her back to her own backyard.

"I hope you had a wonderful time, Lotta," said the tulip with a smile.

Lotta nodded in excitement. "This was the best adventure ever! Thank you for taking me."

The magical tulip smiled and closed its petals. "Always remember that adventure and beauty can be found everywhere, even in your own backyard."

Lotta thanked the tulip and watched as it slowly sank into the ground, becoming an ordinary tulip once again.

Back in her backyard, Lotta realized that adventure and magic could truly be found everywhere, even in the simplest things. She knew she would never stop searching for new adventures and discovering the beauty of the world around her.

And so, Lotta's magical tulip adventure came to an end, but it was only the beginning of many more adventures that awaited her in the enchanting city of Amsterdam.

# Pim's Pannenkoek Papagaai-Feest

―――

Het was een zonnige ochtend in Amsterdam, en Lotta stond al te popelen om de dag te beginnen. Ze wist dat het een bijzondere dag zou worden, want ze had een uitje gepland met haar vrienden naar het beroemde pannenkoekenhuis in de stad.

Lotta's papegaai, Pim, was net zo opgewonden als zij. Pim was een vrolijke papegaai met felgekleurde veren en een ondeugende blik in zijn ogen. Hij was dol op avontuur en nieuwe plekken ontdekken, en hij wist dat er geen betere plek was om dat te doen dan het pannenkoekenhuis.

Samen met haar vrienden, Kees en Marijke, begon Lotta aan de korte wandeling naar het pannenkoekenhuis. Ze praatten en lachten onderweg, en Pim fladderde vrolijk boven hen uit.

Toen ze bij het pannenkoekenhuis aankwamen, konden ze de heerlijke geur van versgebakken pannenkoeken al ruiken. Hun mond begon te watertanden van opwinding. Ze wisten dat er veel plezier en lekker eten op hen wachtte.

Ze namen plaats aan een gezellige tafel bij het raam en bestelden een stapel pannenkoeken met stroop en poedersuiker. Pim zat te kraaien van plezier op de rugleuning van de stoel. Hij hield van pannenkoeken, en hij kon niet wachten om te smullen van de lekkernijen.

Terwijl ze aan het genieten waren van hun maaltijd, besloot Lotta om Pim een klein stukje pannenkoek te geven. Maar net toen ze dat deed, gebeurde er iets onverwachts. Pim flapte met zijn vleugels en vloog recht omhoog, dwars door het openstaande raam!

Lotta, Kees en Marijke staarden met grote ogen naar de plek waar Pim net nog zat. Ze konden hun ogen niet geloven. Pim was weg, verdwenen in de lucht!

Paniek overviel Lotta, en ze stond snel op. "Pim! Pim, waar ben je?" riep ze terwijl ze uit het raam keek.

Kees en Marijke sprongen op en voegden zich bij Lotta. Samen keken ze overal om zich heen, maar er was geen spoor van Pim te bekennen. Hij was verdwenen.

Ze besloten meteen in actie te komen. Ze renden naar buiten en begonnen te zoeken, roepend naar Pim terwijl ze door de straten van Amsterdam liepen. Maar Pim was nergens te bekennen.

Ze besloten om hulp te vragen aan voorbijgangers en inwoners van de stad. Ze vertelden iedereen over hun vermiste papegaai en vroegen of ze iets hadden gezien. Maar niemand had Pim gezien.

De vrienden gaven de moed niet op en bleven zoeken. Ze bezochten parken, pleinen en zelfs de dierentuin, in de hoop Pim ergens te vinden. Maar hoe ze ook zochten, Pim leek spoorloos verdwenen.

Net toen ze dachten dat alle hoop verloren was, hoorden ze plotseling een bekende stem. "Kraaa! Kraaa!" Het was Pim! Ze volgden het geluid en vonden Pim op een tak van een hoge boom.

Ze waren opgelucht en blij dat ze Pim hadden gevonden, maar er was een probleem: Pim weigerde naar beneden te komen. Hij had een feestje met de vogels in de boom en wilde niet vertrekken.

Lotta, Kees en Marijke keken elkaar aan. Wat moesten ze doen om Pim naar beneden te krijgen? Ze besloten om pannenkoeken te maken en ze omhoog te gooien om Pim te lokken. Pim keek verlekkerd naar de pannenkoeken en begon naar beneden te komen.

Maar net toen ze dachten dat ze Pim weer veilig in hun armen hadden, gebeurde er iets grappigs. De andere vogels in de boom begonnen ook interesse te tonen in de pannenkoeken. Binnen de kortste keren was er een ware "Pannenkoekenparadijs" in de boom, met Pim en de andere vogels die smulden van de heerlijke traktaties.

Lotta, Kees en Marijke konden niet anders dan lachen om de komische situatie. Ze hadden niet alleen Pim teruggevonden, maar ze hadden ook nieuwe vogelvrienden gemaakt. Ze genoten van het feest in de boom en deelden hun pannenkoeken met de andere vogels.

Toen het feest voorbij was, keerde Pim terug naar zijn menselijke vrienden, zijn veren bespikkeld met stroop en poedersuiker. Ze knuffelden hem stevig en begonnen aan de terugreis naar huis, wetende dat ze een onvergetelijk avontuur hadden beleefd.

En zo eindigde Pim's Pannenkoek Papagaai-Feest, een grappig avontuur waarin Lotta, Kees, Marijke en Pim niet alleen heerlijke pannenkoeken vonden, maar ook nieuwe vriendschappen smeedden in de bomen van Amsterdam. Het was een dag die ze nooit zouden vergeten, en ze wisten dat er nog veel meer avonturen op hen wachtten in deze betoverende stad.

# Pim's Pancake Parrot-ty

———

It was a sunny morning in Amsterdam, and Lotta was already eager to start the day. She knew it was going to be a special day because she had planned an outing with her friends to the famous pancake house in the city.

Lotta's parrot, Pim, was just as excited as she was. Pim was a cheerful parrot with brightly colored feathers and a mischievous twinkle in his eyes. He loved adventure and exploring new places, and he knew there was no better place to do that than the pancake house.

Together with her friends, Kees and Marijke, Lotta set out on the short walk to the pancake house. They chatted and laughed along the way, and Pim fluttered happily above them.

When they arrived at the pancake house, they could already smell the delicious scent of freshly baked pancakes. Their mouths began to water with excitement. They knew that there was going to be a lot of fun and delicious food waiting for them.

They took a seat at a cozy table by the window and ordered a stack of pancakes with syrup and powdered sugar. Pim was cawing with joy on the back of the chair. He loved pancakes, and he couldn't wait to indulge in the treats.

As they were enjoying their meal, Lotta decided to give Pim a small piece of pancake. But just as she did, something unexpected happened. Pim flapped his wings and flew straight up through the open window!

Lotta, Kees, and Marijke stared with wide eyes at the spot where Pim had just been sitting. They couldn't believe their eyes. Pim was gone, disappeared into the air!

Panic overcame Lotta, and she quickly stood up. "Pim! Pim, where are you?" she cried as she looked out of the window.

Kees and Marijke jumped up and joined Lotta. They looked around everywhere, but there was no sign of Pim. He was gone.

They decided to take immediate action. They ran outside and started searching, calling out for Pim as they walked through the streets of Amsterdam. But no matter how hard they searched, Pim seemed to have vanished without a trace.

Just when they thought all hope was lost, they suddenly heard a familiar voice. "Caw! Caw!" It was Pim! They followed the sound and found Pim perched on a branch of a tall tree.

They were relieved and happy to have found Pim, but there was a problem: Pim refused to come down. He was having a party with the birds in the tree and didn't want to leave.

Lotta, Kees, and Marijke looked at each other. What could they do to get Pim to come down? They decided to make pancakes and toss them up to lure Pim. Pim looked greedily at the pancakes and began to come down.

But just when they thought they had Pim back in their arms, something funny happened. The other birds in the tree started showing an interest in the pancakes too. In no time, there was a true "Pancake Paradise" in the tree, with Pim and the other birds feasting on the delicious treats.

Lotta, Kees, and Marijke couldn't help but laugh at the comical situation. They had not only found Pim but also made new bird friends. They enjoyed the party in the tree and shared their pancakes with the other birds.

When the party was over, Pim returned to his human friends, his feathers speckled with syrup and powdered sugar. They hugged him tightly and began their journey back home, knowing that they had had an unforgettable adventure.

And so ended Pim's Pancake Parrot-ty, a funny adventure in which Lotta, Kees, Marijke, and Pim not only found delicious pancakes but also forged new friendships in the trees of Amsterdam. It was a day they would never forget, and they knew that many more adventures awaited them in this enchanting city.

# Het Nieuwsgierige Geval van de Verloren Houten Klompen

---

Amsterdam was in de greep van de lente, en de straten waren gevuld met kleurrijke bloemen, vrolijke mensen en de zoete geur van vers gebakken stroopwafels. Lotta genoot met volle teugen van de prachtige dag terwijl ze door de charmante straten wandelde.

Lotta was een meisje met een levendige verbeelding en een voorliefde voor avontuur. Ze droeg altijd haar favoriete paar houten klompen, die ze van haar grootmoeder had gekregen. De klompen hadden kleurrijke patronen en waren versierd met bloemen. Ze waren niet alleen comfortabel, maar ook een dierbare herinnering aan haar grootmoeder.

Op een zonnige ochtend, terwijl Lotta door de straten van Amsterdam liep, ontdekte ze tot haar ontzetting dat haar geliefde houten klompen verdwenen waren. Ze had ze 's avonds voor het slapengaan naast haar bed gezet, maar nu waren ze spoorloos verdwenen.

Lotta keek rond, haar hart bonzend van bezorgdheid. Waar konden haar houten klompen zijn? Ze begon de straten af te zoeken, in de hoop dat ze ergens in de buurt waren achtergelaten. Maar er was geen spoor van haar klompen te bekennen.

Ze besloot om hulp te vragen aan haar vrienden, Kees en Marijke. Ze wisten dat als er iemand was die dit mysterie kon oplossen, het Lotta was. Samen begonnen ze aan een speurtocht door Amsterdam om de verdwenen houten klompen te vinden.

Hun eerste stop was de markt, waar ze vroegen of iemand hun klompen had gezien. De marktverkopers schudden hun hoofd en keken verbaasd. Niemand had houten klompen gezien, laat staan dat ze er een paar hadden gekocht.

De volgende halte was de beroemde bloemenmarkt, waar Lotta vaak naartoe ging om bloemen te kopen. Ze vroegen aan de bloemenverkopers of ze iets hadden opgemerkt, maar ook daar was geen enkel spoor van de klompen te bekennen.

Terwijl ze door de schilderachtige grachten van Amsterdam liepen, kregen ze een ingeving. Misschien zouden de houten klompen iets te maken kunnen hebben met de lokale kunstenaars en ambachtslieden. Ze besloten om een bezoek te brengen aan een kunstgalerij in de buurt.

In de kunstgalerij werden ze begroet door een vriendelijke kunstenaar die hen vroeg waarmee hij kon helpen. Lotta vertelde hem over haar vermiste houten klompen en vroeg of hij iets had gezien. De kunstenaar keek nadenkend en zei dat hij zich een paar klompen herinnerde die door een andere kunstenaar waren gebruikt in zijn laatste tentoonstelling.

De vrienden haastten zich naar de tentoonstellingsruimte en vonden inderdaad een paar houten klompen die tentoongesteld werden. Lotta was opgelucht dat ze haar klompen had gevonden, maar er was een probleem. De kunstenaar die de klompen had gebruikt, zei dat hij ze had gekregen van een oude man die ze op een veiling had gekocht.

Nu moesten Lotta, Kees en Marijke de herkomst van de klompen achterhalen. Ze begonnen aan een zoektocht om de oude man te vinden en te ontdekken waar hij de klompen had gekocht.

Na een paar aanwijzingen en gesprekken met buurtbewoners, vonden ze de oude man in zijn charmante huisje aan de gracht. Hij was blij om hen te ontmoeten en vertelde hen dat hij de klompen had gekocht op een antiekmarkt aan de rand van de stad.

Met deze informatie in handen, haastten Lotta, Kees en Marijke zich naar de antiekmarkt. Ze doorzochten kraampjes vol met oude sieraden, vazen en meubels, in de hoop de persoon te vinden die de klompen had verkocht.

Uiteindelijk vonden ze de verkoper, een vriendelijke oudere vrouw die hen met een glimlach begroette. Ze vertelde hen dat ze de klompen had gekocht van een marktkoopman die ze van een oude boerderij had gehaald.

De vrienden volgden de aanwijzingen naar de oude boerderij, die zich aan de rand van Amsterdam bevond. Toen ze de boerderij bereikten, ontdekten ze dat deze verlaten was en al lange tijd niet meer in gebruik was.

Ze begonnen het terrein te doorzoeken en uiteindelijk vonden ze een verlaten schuur. Binnenin vonden ze een doos met allerlei oude spullen, waaronder Lotta's houten klompen.

Lotta was dolblij dat ze haar geliefde klompen had teruggevonden. Ze omhelsde ze met een glimlach en bedankte haar vrienden, Kees en Marijke, voor hun hulp bij het oplossen van het mysterie van de verdwenen klompen.

Het bleek dat de klompen per ongeluk waren achtergelaten in de schuur toen haar grootmoeder ze daar had geplaatst. Niemand had geweten dat ze daar waren, tot Lotta ze miste.

En zo eindigde "Het Nieuwsgierige Geval van de Verloren Houten Klompen," een avontuurlijk verhaal waarin Lotta, Kees en Marijke de charmes van Amsterdam verkenden om de verdwenen houten klompen te vinden. Het was een herinnering aan de schatten die soms dichter bij huis verborgen waren dan je zou denken, en het belang van vriendschap en doorzettingsvermogen bij het oplossen van mysteries.

# The Curious Case of the Lost Wooden Shoes

———

Amsterdam was in the grip of spring, and the streets were filled with colorful flowers, cheerful people, and the sweet scent of freshly baked stroopwafels. Lotta was thoroughly enjoying the beautiful day as she strolled through the charming streets.

Lotta was a girl with a vivid imagination and a fondness for adventure. She always wore her favorite pair of wooden clogs, a gift from her grandmother. The clogs had colorful patterns and were adorned with flowers. They were not only comfortable but also a cherished memento of her grandmother.

On a sunny morning, as Lotta walked through the streets of Amsterdam, she discovered to her dismay that her beloved wooden clogs were missing. She had placed them next to her bed before going to sleep, but now they were nowhere to be found.

Lotta looked around, her heart pounding with concern. Where could her wooden clogs be? She began to search the streets, hoping they might have been left somewhere nearby. But there was no trace of her clogs.

She decided to seek help from her friends, Kees and Marijke. They knew that if anyone could solve this mystery, it was Lotta. Together, they embarked on a quest through Amsterdam to find the missing wooden clogs.

Their first stop was the market, where they asked if anyone had seen their clogs. The market vendors shook their heads and looked puzzled. No one had seen wooden clogs, let alone purchased a pair.

The next stop was the famous flower market, where Lotta often went to buy flowers. They inquired with the flower sellers if they had noticed anything, but there was no sign of the clogs there either.

As they walked along the picturesque canals of Amsterdam, they had an epiphany. Perhaps the wooden clogs might have something to do with the local artists and craftsmen. They decided to pay a visit to an art gallery nearby.

In the art gallery, they were greeted by a friendly artist who asked how he could assist them. Lotta told him about her missing wooden clogs and inquired if he had seen them. The artist thought for a moment and mentioned that he recalled a pair of clogs that had been used by another artist in his recent exhibition.

The friends hurried to the exhibition space and indeed found a pair of wooden clogs on display. Lotta was relieved to have found her clogs, but there was a complication. The artist who had used the clogs said that he had received them from an elderly man who had purchased them at an auction.

Now, Lotta, Kees, and Marijke had to trace the origin of the clogs. They set out on a quest to locate the elderly man and discover where he had acquired the clogs.

After a few clues and conversations with locals, they found the elderly man in his charming canal-side cottage. He was delighted to meet them and told them that he had acquired the clogs at an antique market on the outskirts of the city.

With this information in hand, Lotta, Kees, and Marijke rushed to the antique market. They combed through stalls filled with old jewelry, vases, and furniture, hoping to find the person who had sold the clogs.

Ultimately, they found the seller, a friendly elderly woman who greeted them with a smile. She informed them that she had purchased the clogs from a market trader who had retrieved them from an old farmhouse.

The friends followed the leads to the old farmhouse, located on the outskirts of Amsterdam. Upon reaching the farmhouse, they discovered that it had been abandoned and unused for a long time.

They began to search the property and eventually found an abandoned shed. Inside, they uncovered a box of various old items, including Lotta's wooden clogs.

Lotta was overjoyed to have found her beloved clogs. She embraced them with a smile and thanked her friends, Kees and Marijke, for their assistance in solving the mystery of the lost clogs.

It turned out that the clogs had been accidentally left in the shed when her grandmother had placed them there. No one had known they were there until Lotta realized they were missing.

And so ended "The Curious Case of the Lost Wooden Shoes," an adventurous tale in which Lotta, Kees, and Marijke explored the charms of Amsterdam to find the missing wooden clogs. It was a reminder that treasures are sometimes closer to home than you might think and of the importance of friendship and perseverance in solving mysteries.

# Otto en het Raadsel van de Molen

———

Lotta was altijd op zoek naar avontuur en kende elke straat en gracht van de stad. Maar er was één trouwe metgezel die haar nooit in de steek liet - haar vrolijke teckel, Otto.

Otto was een dappere en loyale teckel met korte pootjes en een lange rug. Hij was altijd klaar voor avontuur en ging graag met Lotta op ontdekkingsreis door de stad.

Op een heldere ochtend besloot Lotta om een wandeling te maken naar de historische molen aan de rand van Amsterdam. De molen was al eeuwenlang een herkenningspunt in de stad en stond trots tussen de groene velden.

Lotta had gehoord dat er bij de molen een oud verhaal was over een verborgen schat. De schat was echter nog nooit gevonden, en het verhaal was veranderd in een legende die van generatie op generatie werd doorgegeven.

Samen met Otto begon Lotta aan haar reis naar de molen. Terwijl ze dichterbij kwamen, merkte ze dat Otto zich vreemd begon te gedragen. Hij begon te snuffelen en te graven in de grond, alsof hij iets belangrijks had ontdekt.

Lotta keek verbaasd naar Otto en besloot hem te volgen. Misschien had hij iets interessants gevonden bij de molen. Samen liepen ze de molen binnen, waar de grote wieken langzaam draaiden in de wind.

Terwijl Lotta en Otto de molen verkenden, viel Lotta's oog op een oude schildering op de molenmuur. De schildering toonde een afbeelding van de molen en wees naar een specifieke plek aan de voet van de molen.

Lotta begreep meteen dat dit een aanwijzing kon zijn voor de verborgen schat. Ze volgde de aanwijzing en begon te graven op de aangewezen plek. Tot haar verbazing vond ze een oud perkament met mysterieuze tekens.

Lotta was opgetogen. Dit kon de sleutel zijn tot het oplossen van het raadsel van de molen en het vinden van de verborgen schat. Ze besloot om het perkament mee naar huis te nemen en er met haar vrienden Kees en Marijke naar te kijken.

Thuisgekomen ontvouwden ze het perkament en bestudeerden de tekens. Het leek op een soort code, en ze realiseerden zich dat ze meer aanwijzingen nodig hadden om de schat te kunnen vinden.

Lotta en haar vrienden besloten om terug te keren naar de molen en verder te zoeken naar aanwijzingen. Terwijl ze de molen opnieuw verkenden, ontdekten ze nog een schildering die hen naar een ander deel van de molen leidde.

Daar vonden ze een oude molensteen met meer tekens en symbolen. Ze begrepen dat dit de volgende aanwijzing was en dat ze op de goede weg waren.

De vrienden werkten samen en volgden de aanwijzingen van de ene locatie naar de andere, steeds dichter bij het ontrafelen van het mysterie van de molen.

Ze ontdekten geheime gangen en verborgen kamers in de molen, en overal vonden ze aanwijzingen die hen leidden naar de volgende stap in hun zoektocht.

Terwijl ze verder gingen, werden ze geconfronteerd met uitdagingen en raadsels die ze moesten oplossen. Het werd een spannende speurtocht vol avontuur en verrassingen.

Uiteindelijk leidde de laatste aanwijzing hen naar een oude kist diep in de molen. Toen ze de kist openden, werden ze begroet door een schat aan gouden munten, juwelen en kostbare voorwerpen.

Lotta, Kees en Marijke keken vol verbazing naar de schat die ze hadden ontdekt. Ze konden hun geluk niet op. Ze hadden niet alleen het raadsel van de molen opgelost, maar ook een echte schat gevonden.

De vrienden besloten om een deel van de schat te gebruiken om de molen te restaureren en te behouden voor toekomstige generaties. Ze wisten dat de molen een speciale plaats in hun hart had en wilden ervoor zorgen dat hij nog vele jaren zou blijven draaien.

En zo eindigde "Otto en het Raadsel van de Molen," een spannend avontuur waarin Lotta, Otto, Kees en Marijke samenwerkten om de verborgen schat van de molen te vinden. Het was een herinnering aan de kracht van vriendschap en doorzettingsvermogen bij het oplossen van mysteries en het ontdekken van schatten, zelfs in de meest onverwachte plaatsen.

# Otto and the Windmill Mystery

---

Lotta was always in search of adventure and knew every street and canal of the city. But there was one loyal companion who never let her down - her cheerful dachshund, Otto.

Otto was a brave and loyal dachshund with short legs and a long back. He was always ready for an adventure and loved to accompany Lotta on explorations through the city.

On a clear morning, Lotta decided to take a walk to the historic windmill on the outskirts of Amsterdam. The windmill had been a landmark in the city for centuries and stood proudly among the green fields.

Lotta had heard that there was an old story about a hidden treasure near the windmill. The treasure, however, had never been found, and the story had turned into a legend passed down from generation to generation.

Together with Otto, Lotta began her journey to the windmill. As they drew closer, she noticed that Otto was behaving strangely. He began to sniff and dig in the ground, as if he had discovered something important.

Lotta looked at Otto in surprise and decided to follow him. Maybe he had found something interesting near the windmill. Together, they entered the windmill, where the large sails turned slowly in the wind.

As Lotta and Otto explored the windmill, Lotta's eyes fell on an old painting on the mill's wall. The painting depicted an image of the windmill and pointed to a specific spot at the mill's base.

Lotta immediately understood that this could be a clue to the hidden treasure. She followed the clue and began to dig at the designated spot. To her amazement, she found an old parchment with mysterious symbols.

Lotta was elated. This could be the key to solving the mystery of the windmill and discovering the hidden treasure. She decided to take the parchment home and examine it with her friends Kees and Marijke.

Back at home, they unfolded the parchment and studied the symbols. It appeared to be some form of code, and they realized that they needed more clues to be able to find the treasure.

Lotta and her friends decided to return to the windmill and continue searching for clues. As they explored the windmill once more, they discovered another painting that led them to another part of the windmill.

There, they found an old millstone with more symbols and signs. They understood that this was the next clue and that they were on the right path.

The friends worked together and followed the clues from one location to the next, getting closer and closer to unraveling the mystery of the windmill.

They discovered secret passages and hidden rooms within the windmill, and everywhere they found clues that led them to the next step in their quest.

As they progressed, they faced challenges and riddles that they had to solve. It became an exciting quest filled with adventure and surprises.

Ultimately, the final clue led them to an old chest deep within the windmill. When they opened the chest, they were greeted by a treasure trove of gold coins, jewels, and precious items.

Lotta, Kees, and Marijke looked in amazement at the treasure they had found. They couldn't believe their luck. Not only had they solved the mystery of the windmill, but they had also discovered a real treasure.

The friends decided to use a portion of the treasure to restore and preserve the windmill for future generations. They knew the windmill held a special place in their hearts and wanted to ensure it would keep turning for many years to come.

And so ended "Otto and the Windmill Mystery," an exciting adventure in which Lotta, Otto, Kees, and Marijke worked together to find the hidden treasure of the windmill. It was a reminder of the power of friendship and perseverance in solving mysteries and discovering treasures, even in the most unexpected of places.

# Een Dag met de Kapitein van de Grachtenboot

―――

Amsterdam was een stad van grachten, bruggen en verborgen schatten. Iedere dag leek er iets nieuws te ontdekken, en dat was precies wat Lotta het meest fascineerde.

Lotta was een levendig meisje met een onstilbare nieuwsgierigheid. Ze hield van de charme van de stad, de kronkelende grachten die door het historische centrum liepen en de rijke geschiedenis die achter elke gevel schuilging. Ze droomde ervan om Amsterdam in al zijn glorie te ontdekken, vanaf het water.

Op een stralende ochtend hoorde Lotta van een spannende wedstrijd in de stad. De prijs? Een unieke kans om een dag aan boord te gaan van een echte grachtenboot, en niet zomaar een boot, maar een die wordt bestuurd door een ervaren kapitein.

Lotta, met haar avontuurlijke geest, twijfelde geen moment en besloot deel te nemen aan de wedstrijd. Ze schreef een verhaal over haar liefde voor Amsterdam en haar wens om de stad vanaf het water te verkennen. Het verhaal was zo overtuigend dat ze de wedstrijd won.

Op de dag van de beloofde reis was Lotta opgetogen. Ze haastte zich naar de grachten waar de prachtige grachtenboot op haar wachtte. De kapitein, een vriendelijke en ervaren man genaamd Kapitein Jan, begroette haar met een warme glimlach.

"Hallo, Lotta! Welkom aan boord van de Grachtenparel," begroette Kapitein Jan haar. "We gaan vandaag een onvergetelijke reis maken door de grachten van Amsterdam."

Lotta was enthousiast. Ze was eindelijk op weg om haar droom te vervullen. Ze klom aan boord van de boot, waar Kapitein Jan haar rondleidde en uitleg gaf over de verschillende delen van de boot.

Terwijl de boot langzaam over de grachten gleed, vertelde Kapitein Jan Lotta over de geschiedenis van de grachten van Amsterdam. Hij wees op de oude grachtenpanden en bruggen en vertelde verhalen over de rijke handelsgeschiedenis van de stad.

"Amsterdam is een stad die is gebouwd op water," legde Kapitein Jan uit. "De grachten waren vroeger de levensader van de stad, en ze zijn nog steeds een belangrijk onderdeel van ons erfgoed."

Lotta luisterde aandachtig naar Kapitein Jan terwijl hij vertelde over de architectuur, de kunst en de cultuur die Amsterdam zo bijzonder maken. Ze realiseerde zich dat er nog zoveel te leren was over de stad die ze dacht te kennen.

Terwijl ze door de grachten voeren, kwamen ze langs beroemde bezienswaardigheden zoals het Anne Frank Huis, de Magere Brug en het Rijksmuseum. Lotta maakte notities en stelde talloze vragen aan Kapitein Jan, die geduldig al haar vragen beantwoordde.

Na een tijdje vroeg Kapitein Jan of Lotta hem wilde helpen met het besturen van de boot. Ze was verheugd en ging naast hem zitten. Kapitein Jan legde haar uit hoe ze het roer moest vasthouden en hoe ze de boot veilig door de grachten kon leiden.

Lotta was vastberaden en leerde snel. Met de aanwijzingen van Kapitein Jan stuurde ze de Grachtenparel behendig over het water. Ze voelde de opwinding van het besturen van een echte grachtenboot en de vrijheid die het met zich meebracht.

Terwijl Lotta de boot bestuurde, merkte ze dat er steeds meer andere boten en toeristen op de grachten waren. Amsterdam was een populaire bestemming voor toeristen, en de grachten werden druk bezocht.

Kapitein Jan legde aan Lotta uit dat toerisme een belangrijke bron van inkomsten was voor de stad, maar dat het ook uitdagingen met zich meebracht. De grachten en historische gebouwen moesten worden beschermd en onderhouden, en verantwoord toerisme was essentieel.

Hij wees op het belang van het bewaren van de schoonheid en de cultuur van de stad en het respecteren van de lokale gemeenschap. Lotta begreep dat toerisme een dubbelzijdig zwaard was en dat het evenwicht belangrijk was.

Na een paar uur van varen en leren, legden ze aan bij een historische werf waar de boot werd onderhouden. Lotta hielp Kapitein Jan met enkele taken en was onder de indruk van het vakmanschap dat nodig was om de boot in topconditie te houden.

Terwijl ze de werf verkenden, ontmoetten ze enkele lokale ambachtslieden en leerden ze over de traditionele technieken die werden gebruikt om de grachtenboten te bouwen en te restaureren.

Terug aan boord van de Grachtenparel voeren ze verder door de grachten en genoten ze van de prachtige uitzichten. Lotta was diep onder de indruk van de schoonheid en de geschiedenis van de stad, en ze voelde zich bevoorrecht om dit avontuur met Kapitein Jan te delen.

Na een volle dag op het water keerde de Grachtenparel terug naar de plek waar de reis begonnen was. Lotta stapte van boord met een glimlach op haar gezicht en een schat aan nieuwe kennis over Amsterdam.

Ze bedankte Kapitein Jan voor de onvergetelijke dag en beloofde dat ze de lessen die ze had geleerd zou koesteren. Kapitein Jan lachte en zei: "Onthoud altijd dat Amsterdam een stad is vol geschiedenis en schoonheid, en het is aan ons om het te beschermen en te delen met anderen op een verantwoorde manier."

Lotta knikte en wist dat ze een waardevolle les had geleerd over het belang van verantwoord toerisme en het behoud van de stad die ze zo liefhad.

En zo eindigde "Een Dag met de Kapitein van de Grachtenboot," een dag vol avontuur, geschiedenis en vriendschap. Lotta had niet alleen haar droom vervuld, maar ook een diepere waardering gekregen voor de schatten van Amsterdam en het belang van het koesteren van haar erfgoed.

# A Day with the Canal Boat Captain

---

Amsterdam was a city of canals, bridges, and hidden treasures. Every day seemed to hold something new to discover, and that's what fascinated Lotta the most.

Lotta was a lively girl with an insatiable curiosity. She loved the city's charm, the winding canals that ran through the historic center, and the rich history concealed behind every façade. She dreamed of exploring Amsterdam in all its glory from the water.

On a bright morning, Lotta heard about an exciting contest in the city. The prize? A unique opportunity to spend a day aboard a real canal boat, and not just any boat, but one piloted by an experienced captain.

Lotta, with her adventurous spirit, didn't hesitate for a moment and decided to enter the contest. She wrote a story about her love for Amsterdam and her desire to explore the city from the water. The story was so compelling that she won the contest.

On the day of the promised journey, Lotta was elated. She hurried to the canals where the beautiful canal boat awaited her. The captain, a friendly and experienced man named Captain Jan, greeted her with a warm smile.

"Hello, Lotta! Welcome aboard the Canal Gem," Captain Jan greeted her. "Today, we'll embark on an unforgettable journey through the canals of Amsterdam."

Lotta was thrilled. She was finally on her way to fulfilling her dream. She climbed aboard the boat, where Captain Jan gave her a tour and explained the different parts of the boat.

As the boat glided slowly through the canals, Captain Jan told Lotta about the history of Amsterdam's canals. He pointed out the old canal houses and bridges, sharing stories of the city's rich trading history.

"Amsterdam is a city built on water," explained Captain Jan. "The canals used to be the lifeblood of the city, and they are still an important part of our heritage."

Lotta listened attentively to Captain Jan as he talked about the architecture, art, and culture that made Amsterdam so special. She realized there was so much more to learn about the city she thought she knew.

While they cruised the canals, they passed by famous landmarks such as the Anne Frank House, the Skinny Bridge, and the Rijksmuseum. Lotta took notes and asked countless questions of Captain Jan, who patiently answered them all.

After a while, Captain Jan asked if Lotta wanted to help him steer the boat. She was delighted and sat next to him. Captain Jan showed her how to hold the helm and how to navigate the boat safely through the canals.

Lotta was determined and learned quickly. With Captain Jan's guidance, she skillfully piloted the Canal Gem. She felt the excitement of steering a real canal boat and the freedom that came with it.

While Lotta was steering the boat, she noticed an increasing number of other boats and tourists on the canals. Amsterdam was a popular tourist destination, and the canals were bustling with visitors.

Captain Jan explained to Lotta that tourism was an important source of income for the city, but it also brought challenges. The canals and historic buildings needed to be protected and maintained, and responsible tourism was essential.

He emphasized the importance of preserving the city's beauty and culture and respecting the local community. Lotta understood that tourism was a double-edged sword, and balance was crucial.

After a few hours of sailing and learning, they docked at a historic shipyard where the boat was maintained. Lotta helped Captain Jan with some tasks and was impressed by the craftsmanship required to keep the boat in top condition.

As they explored the shipyard, they met some local craftsmen and learned about the traditional techniques used to build and restore canal boats.

Back on board the Canal Gem, they continued to navigate the canals and enjoyed the beautiful views. Lotta was deeply impressed by the city's beauty and history, and she felt privileged to share this adventure with Captain Jan.

After a full day on the water, the Canal Gem returned to the starting point of the journey. Lotta disembarked with a smile on her face and a wealth of new knowledge about Amsterdam.

She thanked Captain Jan for the unforgettable day and promised to cherish the lessons she had learned. Captain Jan laughed and said, "Always remember that Amsterdam is a city full of history and beauty, and it's up to us to protect it and share it with others in a responsible way."

Lotta nodded and knew she had learned a valuable lesson about the importance of responsible tourism and preserving the city she cherished.

And so ended "A Day with the Canal Boat Captain," a day filled with adventure, history, and friendship. Lotta had not only fulfilled her dream but also gained a deeper appreciation for the treasures of Amsterdam and the importance of preserving its heritage.

# De Betoverde Bibliotheek

---

Lotta was altijd op zoek naar avontuur in de stad Amsterdam. Of het nu in de kronkelende grachten was, in de charmante straten of in verborgen hoekjes, er leek altijd iets nieuws te ontdekken.

Op een zonnige zomerdag besloot Lotta een wandeling te maken door een rustige buurt aan de rand van de stad. Terwijl ze door een kronkelig straatje liep, viel haar oog op een oud, verwaarloosd gebouw met een uitnodigend bord dat "De Verloren Bibliotheek" aangaf.

Lotta was nieuwsgierig van aard, en de naam alleen al prikkelde haar verbeelding. Ze besloot naar binnen te gaan en te zien wat dit mysterieuze gebouw te bieden had.

De deur piepte open en Lotta betrad een wereld van stoffige boekenplanken en een zachte sfeer van oude pagina's. Ze was in een bibliotheek die al tientallen jaren gesloten leek te zijn.

Terwijl Lotta rondliep, ontdekte ze boeken die ze nog nooit had gezien. Ze waren oud en verfomfaaid, maar straalden een zekere magie uit. Het was alsof de boeken een eigen verhaal te vertellen hadden.

Lotta aarzelde niet en trok een van de boeken uit de kast. Het boek had een verleidelijke titel: "Het Avontuurlijke Eiland." Ze sloeg het open en begon te lezen.

Bijna meteen voelde Lotta een vreemde sensatie. Ze werd in het verhaal gezogen en bevond zich plotseling op een prachtig eiland vol exotische planten en kleurrijke vogels. Ze was verbaasd en opgetogen.

In dit nieuwe avontuur ontmoette Lotta een nieuwsgierige papegaai die haar meenam op een reis door het weelderige regenwoud van het eiland. Ze leerde over de prachtige flora en fauna en ontdekte verborgen schatten diep in de jungle.

Na enkele spannende avonturen keerde Lotta terug naar de bibliotheek, waar ze zich realiseerde dat ze was teruggebracht naar de realiteit. Ze had echter het gevoel dat ze daadwerkelijk op het eiland was geweest en dat ze al die wonderen had ervaren.

Lotta was gefascineerd en wilde meer van deze magische boeken ontdekken. Ze koos een ander boek, ditmaal met de titel "De Tijdreiziger," en begon te lezen.

Het boek bracht haar naar een andere tijd, naar het oude Amsterdam van eeuwen geleden. Ze dwaalde door de geplaveide straten en ontmoette historische figuren uit de geschiedenis van de stad.

In dit avontuur leerde Lotta over de rijke geschiedenis van Amsterdam en de moedige mensen die de stad hadden gevormd. Ze zag hoe de stad door de eeuwen heen was veranderd en gegroeid.

Na dit spannende tijdreisavontuur keerde Lotta opnieuw terug naar de bibliotheek, maar nu had ze een dieper begrip van de stad waar ze zo van hield.

Ze bleef boek na boek lezen en werd meegenomen naar verschillende werelden en tijden. Ze ontmoette sprookjesachtige wezens in "De Magische Tuin," reisde door de ruimte in "De Sterrenreiziger" en beleefde avonturen in de middeleeuwen in "De Ridders van het Verleden."

Elk boek bracht Lotta nieuwe lessen en avonturen. Ze leerde over moed, vriendschap, creativiteit en verbeelding. Ze ontdekte de kracht van verhalen en hoe ze de geest konden verruimen en de wereld konden veranderen.

Lotta besefte dat de betoverde bibliotheek niet zomaar een plek was. Het was een poort naar onbegrensde avonturen en mogelijkheden. Ze koesterde de bibliotheek en besloot om de verloren schatten van de boeken met anderen te delen.

Ze begon met het herstellen van de bibliotheek en het openstellen voor nieuwsgierige lezers. Ze organiseerde leesclubs en verhalenvertellingen om anderen te inspireren om de betoverde boeken te ontdekken en hun eigen avonturen te beleven.

Lotta besefte dat verbeelding en verhalen de kracht hadden om mensen samen te brengen en de wereld mooier te maken. De betoverde bibliotheek werd een plek waar de grenzen van tijd en ruimte vervaagden en waar avonturen nooit eindigden.

En zo eindigde "De Betoverde Bibliotheek," een verhaal over de magie van verhalen en de avonturen die we kunnen beleven door onze verbeelding te laten spreken. Lotta had de schatten van de boeken ontdekt en geleerd dat avonturen overal om ons heen liggen, als we er maar voor openstaan.

# The Enchanted Library

———

Lotta was always in search of adventure in the city of Amsterdam. Whether it was in the winding canals, the charming streets, or hidden corners, there always seemed to be something new to discover.

On a sunny summer day, Lotta decided to take a stroll through a quiet neighborhood on the outskirts of the city. As she walked down a winding alley, her eyes fell upon an old, neglected building with an inviting sign that read "The Lost Library."

Lotta was naturally curious, and the name alone piqued her imagination. She decided to step inside and see what this mysterious building had to offer.

The door creaked open, and Lotta entered a world of dusty bookshelves and a soft ambiance of old pages. She had stepped into a library that seemed to have been closed for decades.

As Lotta roamed around, she discovered books she had never seen before. They were old and weathered, but they exuded a certain magic. It was as if the books had stories of their own to tell.

Lotta didn't hesitate and pulled one of the books from the shelf. The book had a tantalizing title: "The Adventurous Island." She opened it and began to read.

Almost immediately, Lotta felt a strange sensation. She was drawn into the story and suddenly found herself on a beautiful island filled with exotic plants and colorful birds. She was astonished and delighted.

In this new adventure, Lotta met a curious parrot who took her on a journey through the lush rainforest of the island. She learned about the stunning flora and fauna and discovered hidden treasures deep in the jungle.

After several thrilling adventures, Lotta returned to the library, realizing she had been transported back to reality. However, she felt as if she had genuinely been on the island and experienced all those wonders.

Lotta was fascinated and eager to explore more of these magical books. She chose another book, this time titled "The Time Traveler," and started to read.

The book transported her to a different time, to the ancient Amsterdam of centuries ago. She wandered through cobblestone streets and encountered historical figures from the city's history.

In this adventure, Lotta learned about the rich history of Amsterdam and the brave people who had shaped the city. She witnessed how the city had changed and evolved over the centuries.

After this exciting time-travel adventure, Lotta once again returned to the library, but now she had gained a deeper understanding of the city she loved.

She continued to read book after book, being transported to different worlds and times. She met fantastical creatures in "The Magical Garden," traveled through space in "The Star Voyager," and had adventures in medieval times in "The Knights of the Past."

Each book brought Lotta new lessons and adventures. She learned about courage, friendship, creativity, and imagination. She discovered the power of stories and how they could expand the mind and change the world.

Lotta realized that the enchanted library was not just any place. It was a gateway to limitless adventures and possibilities. She cherished the library and decided to share the lost treasures of the books with others.

She began by restoring the library and opening it to curious readers. She organized book clubs and storytelling sessions to inspire others to discover the enchanted books and embark on their own adventures.

Lotta understood that imagination and stories had the power to bring people together and make the world more beautiful. The enchanted library became a place where the boundaries of time and space blurred, and where adventures never ended.

And so ended "The Enchanted Library," a story about the magic of stories and the adventures we can experience by letting our imagination speak. Lotta had discovered the treasures of the books and learned that adventures are all around us if we are open to them.

# De Grote Marktverwarring

―――

Amsterdam was een stad vol bruisende markten, elk met zijn eigen unieke sfeer en aanbod. Lotta hield van het verkennen van deze markten met haar vrienden Kees en Marijke, en ze hadden al heel wat avonturen beleefd.

Op een zonnige zaterdagochtend besloten Lotta, Kees en Marijke een bezoek te brengen aan een van de grootste en meest kleurrijke markten van de stad, de Diversiteitsmarkt. Deze markt was beroemd om zijn verscheidenheid aan producten en culturen, en het was altijd een plek vol leven en opwinding.

Terwijl ze de markt betraden, werden de vrienden meteen overweldigd door de drukte en de levendige kleuren om hen heen. Overal om hen heen zagen ze kraampjes met exotische kruiden, handgemaakte sieraden, kleding uit alle hoeken van de wereld, en heerlijke geuren die uit kraampjes met eten opstegen.

De markt was een waar labyrint van kraampjes en mensen, en al snel raakten Lotta, Kees en Marijke elkaar kwijt in de menigte. Paniek overspoelde hen toen ze zich realiseerden dat ze niet meer wisten waar ze waren.

Lotta besefte dat ze geen idee had waar haar vrienden waren en dat ze verdwaald was in de Grote Marktverwarring. Ze voelde zich verloren en een beetje angstig.

Terwijl Lotta worstelde om haar vrienden te vinden, besloot ze om een moment stil te staan en te genieten van de diversiteit van de markt. Ze zag mensen van over de hele wereld, met verschillende talen en culturen, die samenkwamen om te genieten van de markt.

Lotta stapte naar een kraampje met kleurrijke kleding en begon te praten met de eigenaar, een vriendelijke vrouw uit India. De vrouw legde uit dat de markt een plek was waar mensen uit alle hoeken van de wereld hun cultuur en ambachten konden delen.

Lotta voelde zich geïnspireerd door de verhalen van de vrouw en besloot om de diversiteit van de markt te omarmen. Ze begon verschillende kraampjes te verkennen en proefde heerlijke gerechten uit verschillende landen, zoals falafel uit het Midden-Oosten en loempia's uit Vietnam.

Terwijl Lotta genoot van het ontdekken van nieuwe smaken, ontmoette ze een groep kinderen van haar leeftijd die ook verdwaald waren. Ze waren afkomstig uit verschillende delen van de wereld en praatten met elkaar in een mix van talen.

Lotta besloot om zich bij de groep aan te sluiten, en al snel voelde ze zich op haar gemak bij haar nieuwe vrienden. Ze deelden verhalen over hun landen en culturen, en Lotta merkte dat ze meer leerde over de wereld dan ze ooit had kunnen dromen.

Terwijl ze met haar nieuwe vrienden praatte, besefte Lotta dat ze de diversiteit en schoonheid van de markt in haar hart had opgenomen. Ze had misschien haar vrienden nog niet gevonden, maar ze had wel een schat aan ervaringen en vriendschappen opgedaan.

Net op dat moment hoorde Lotta een bekende stem roepen. Het was Kees, die in de verte haar naam riep. Lotta en haar nieuwe vrienden renden naar Kees toe, en al snel werden ze herenigd met Marijke, die ook met nieuwe vrienden had gesproken.

De vreugde van hun hereniging was groot, en ze deelden hun avonturen en verhalen van de dag met elkaar. Ze beseften dat verdwalen in de Grote Marktverwarring uiteindelijk een kans was geweest om nieuwe vrienden te maken en te leren over de diverse culturen van de stad.

Samen liepen ze verder over de markt, nu niet meer verdwaald maar verrijkt door hun ervaringen. Ze beseften dat Amsterdam een stad was waar mensen van over de hele wereld samenkwamen en dat de diversiteit de stad nog specialer maakte.

En zo eindigde "De Grote Marktverwarring," een verhaal over verdwalen en weer gevonden worden in de drukte van een bruisende markt. Lotta en haar vrienden hadden geleerd dat diversiteit een schat was om te koesteren en dat vriendschap en avontuur overal te vinden waren, zelfs in de meest chaotische situaties.

# The Great Market Muddle

---

Amsterdam was a city full of bustling markets, each with its own unique atmosphere and offerings. Lotta loved exploring these markets with her friends Kees and Marijke, and they had already had many adventures.

On a sunny Saturday morning, Lotta, Kees, and Marijke decided to visit one of the city's largest and most colorful markets, the Diversity Market. This market was famous for its variety of products and cultures, and it was always a place full of life and excitement.

As they entered the market, the friends were immediately overwhelmed by the crowd and the vibrant colors surrounding them. Everywhere they looked, they saw stalls with exotic spices, handmade jewelry, clothing from all corners of the world, and delicious scents wafting from food stalls.

The market was a true labyrinth of stalls and people, and soon Lotta, Kees, and Marijke lost each other in the crowd. Panic engulfed them as they realized they no longer knew where they were.

Lotta realized she had no idea where her friends were, and that she was lost in the Great Market Muddle. She felt disoriented and a bit anxious.

While Lotta struggled to find her friends, she decided to pause for a moment and appreciate the diversity of the market. She saw people from all around the world, speaking different languages and representing various cultures, coming together to enjoy the market.

Lotta approached a stall with colorful clothing and struck up a conversation with the owner, a friendly woman from India. The woman explained that the market was a place where people from all corners of the world could share their culture and crafts.

Lotta felt inspired by the woman's stories and decided to embrace the diversity of the market. She began to explore various stalls and tasted delicious dishes from different countries, such as falafel from the Middle East and spring rolls from Vietnam.

As Lotta enjoyed discovering new flavors, she met a group of children her age who were also lost. They came from different parts of the world and were chatting with each other in a mix of languages.

Lotta decided to join the group, and soon she felt at ease with her new friends. They shared stories about their countries and cultures, and Lotta found herself learning more about the world than she had ever dreamed.

While talking with her new friends, Lotta realized that she had absorbed the diversity and beauty of the market into her heart. She may not have found her friends yet, but she had gained a wealth of experiences and friendships.

Just at that moment, Lotta heard a familiar voice calling her name. It was Kees, who was calling out to her in the distance. Lotta and her new friends rushed towards Kees, and soon they were reunited with Marijke, who had also been talking to new friends.

The joy of their reunion was immense, and they shared their adventures and stories of the day with each other. They realized that getting lost in the Great Market Muddle had ultimately been an opportunity to make new friends and learn about the city's diverse cultures.

Together, they continued to explore the market, no longer lost but enriched by their experiences. They realized that Amsterdam was a city where people from all over the world came together, and that diversity made the city even more special.

And so ended "The Great Market Muddle," a story about getting lost and being found in the bustle of a vibrant market. Lotta and her friends had learned that diversity was a treasure to cherish and that friendship and adventure could be found everywhere, even in the most chaotic situations.

# Tulpenverhalen met Oma

---

Lotta hield van de warme zondagmiddagen bij haar grootmoeder thuis. Het was een tijd van rust en reflectie, waarin haar oma haar meenam op reizen naar het verleden door middel van verhalen en herinneringen.

Haar oma, die al vele jaren in Amsterdam woonde, had talloze verhalen te vertellen over de stad en haar rijke geschiedenis. Maar op een dag, terwijl Lotta naast haar oma zat, vroeg ze nieuwsgierig: "Oma, kun je me vertellen over de legendarische tulp die ooit fortuin en roem naar Amsterdam bracht?"

Oma glimlachte en knikte, en ze begon aan het verhaal van de beroemde tulp.

"In een tijd lang geleden, toen de straten van Amsterdam waren geplaveid met kasseien en de grachten vol waren met handelsschepen, was er een tulp die bekendstond als 'De Gouden Bloem,'" begon oma.

Lotta luisterde aandachtig, haar ogen glinsterend van verwachting.

"De Gouden Bloem was geen gewone tulp," ging oma verder. "Hij was uniek in kleur en vorm, met gouden bloembladen die glinsterden in de zon en een delicate krul die hem onderscheidde van alle andere tulpen in de stad."

"De tulp werd voor het eerst ontdekt door een jonge tuinman genaamd Pieter, die werkte in de prachtige tuinen van een rijke koopman. Op een dag, terwijl Pieter in de tuinen werkte, stuitte hij op een kleine, gouden tulpbol die in de aarde was begraven."

"De tulpbol straalde een magisch licht uit, en Pieter kon zijn ogen er niet vanaf houden. Hij wist dat hij iets heel bijzonders had ontdekt, dus plantte hij de bol zorgvuldig in de tuin van de koopman."

"Toen de lente kwam, brak de Gouden Bloem uit de grond en bloeide op in al zijn pracht. De gouden bloembladen glinsterden als kostbare juwelen, en het nieuws van deze wonderbaarlijke tulp verspreidde zich snel door de stad."

"De Gouden Bloem werd een sensatie in Amsterdam. Mensen van ver en breed kwamen om hem te bewonderen en waren bereid grote sommen geld te betalen om een glimp van de tulp op te vangen. Zijn bloemen werden een symbool van rijkdom en status in de stad."

"De koopman, die de tuinen beheerde waarin de Gouden Bloem groeide, werd in korte tijd een van de rijkste mannen in Amsterdam. Zijn huis werd een ontmoetingsplaats voor de welgestelden, en er werden weelderige feesten gehouden om de tulp te eren."

"Maar na verloop van tijd begonnen de mensen in de stad hebzuchtig te worden. Ze wilden hun eigen Gouden Bloemen en begonnen tulpbollen te kopen en te verhandelen. De tulpmanie nam Amsterdam over, en de prijzen van de tulpenbollen schoten de lucht in."

"De Gouden Bloem, die ooit een symbool was van schoonheid en pracht, werd een bron van waanzin en hebzucht. Mensen verkochten hun huizen en bezittingen om zeldzame tulpenbollen te kopen, en de stad raakte verstrikt in een tulpgekte."

"Maar zoals dat gaat met manieën, kwam er een moment waarop de bubbel barstte. Mensen begonnen te beseffen dat de prijzen van de tulpenbollen onhoudbaar hoog waren, en paniek verspreidde zich door de stad."

"De tulpmarkt stortte in, en degenen die ooit rijk waren, verloren alles. De Gouden Bloem zelf werd gestolen door een hebzuchtige tulpverzamelaar en verdween voorgoed uit Amsterdam."

Oma pauzeerde even en keek naar Lotta, die gefascineerd was door het verhaal.

"Maar, oma, wat gebeurde er met de Gouden Bloem?" vroeg Lotta.

Oma glimlachte en vervolgde: "Dat is een mysterie dat nooit is opgelost, lieverd. Sommigen zeggen dat de Gouden Bloem werd vernietigd, terwijl anderen beweren dat hij ergens verborgen ligt, wachtend om opnieuw ontdekt te worden."

"Maar onthoud, Lotta, dat het verhaal van de Gouden Bloem ons eraan herinnert dat schoonheid en rijkdom vergankelijk zijn. Het zijn de eenvoudige momenten, zoals deze zondagmiddag met onze verhalen, die echt waardevol zijn."

Lotta glimlachte en knikte, en ze omhelsde haar oma. Ze besefte dat het niet de materiële schatten waren die het leven waardevol maakten, maar de speciale momenten, de verhalen en de liefde van haar familie.

En zo eindigde "Tulpenverhalen met Oma," een verhaal dat Lotta een kostbare les leerde over de betekenis van echte rijkdom en de waarde van familie en herinneringen.

# Tulip Tales with Grandma

———

Lotta loved the warm Sunday afternoons at her grandmother's house. It was a time of peace and reflection, during which her grandma took her on journeys to the past through stories and memories.

Her grandmother, who had lived in Amsterdam for many years, had countless tales to tell about the city and its rich history. But one day, as Lotta sat beside her grandmother, she asked curiously, "Grandma, can you tell me about the legendary tulip that once brought fortune and fame to Amsterdam?"

Grandma smiled and nodded, and she began the story of the famous tulip.

"In a time long ago, when the streets of Amsterdam were paved with cobblestones and the canals were filled with trading ships, there was a tulip known as 'The Golden Flower,'" grandma began.

Lotta listened attentively, her eyes sparkling with anticipation.

"The Golden Flower was no ordinary tulip," continued grandma. "It was unique in color and shape, with golden petals that glistened in the sun and a delicate curl that distinguished it from all other tulips in the city."

"The tulip was first discovered by a young gardener named Pieter, who worked in the beautiful gardens of a wealthy merchant. One day, as Pieter worked in the gardens, he stumbled upon a small, golden tulip bulb buried in the earth."

"The tulip bulb emitted a magical light, and Pieter couldn't take his eyes off it. He knew he had found something very special, so he carefully planted the bulb in the merchant's garden."

"When spring came, The Golden Flower burst from the ground and bloomed in all its glory. The golden petals sparkled like precious jewels, and the news of this miraculous tulip spread quickly throughout the city."

"The Golden Flower became a sensation in Amsterdam. People from near and far came to admire it and were willing to pay large sums of money to catch a glimpse of the tulip. Its flowers became a symbol of wealth and status in the city."

"The merchant, who managed the gardens where The Golden Flower grew, quickly became one of the wealthiest men in Amsterdam. His house became a gathering place for the affluent, and lavish feasts were held to honor the tulip."

"But over time, the people in the city became greedy. They wanted their own Golden Flowers and began to buy and trade tulip bulbs. Tulip mania swept over Amsterdam, and the prices of tulip bulbs skyrocketed."

"The Gouden Bloem, once a symbol of beauty and magnificence, became a source of madness and avarice. People sold their homes and possessions to buy rare tulip bulbs, and the city became entangled in tulip mania."

"But, as with manias, there came a point when the bubble burst. People began to realize that the prices of tulip bulbs were unsustainable, and panic spread throughout the city."

"The tulip market collapsed, and those who were once wealthy lost everything. The Golden Flower itself was stolen by a greedy tulip collector and disappeared forever from Amsterdam."

Grandma paused for a moment and looked at Lotta, who was fascinated by the story.

"But, grandma, what happened to The Golden Flower?" Lotta asked.

Grandma smiled and continued, "That is a mystery that was never solved, my dear. Some say The Golden Flower was destroyed, while others claim it is hidden somewhere, waiting to be rediscovered."

"But remember, Lotta, that the story of The Golden Flower reminds us that beauty and wealth are transient. It is the simple moments, like this Sunday afternoon with our stories, that are truly valuable."

Lotta smiled and nodded, hugging her grandma. She realized that it wasn't the material treasures that made life valuable, but the special moments, the stories, and the love of her family.

And so ended "Tulip Tales with Grandma," a story that taught Lotta a precious lesson about the meaning of true wealth and the value of family and memories.

Milton Keynes UK
Ingram Content Group UK Ltd.
UKHW020943201123
432909UK00012B/179